AF178354

Ohne Dich
ist alles doof,
Mama

Ohne Dich
ist alles doof,
Mama

Superheldinnen ohne Umhang nennt man Mama.

Liebe Mama,

ich bin so froh, dass Du in meinem Leben bist und mich begleitest. Ich kann mich immer auf Dich verlassen und Du hast mir schon so viel beigebracht - dafür bin ich Dir für immer dankbar.

Damit ich Dir zeigen kann, was Du mir bedeutest, habe ich dieses Buch für Dich ausgefüllt. Auf jeder Seite findest Du Gründe, warum ich mich unendlich glücklich schätzen kann, dass Du meine Mama bist.

Zusammen haben wir schon Höhen und Tiefen gemeistert, Abenteuer erlebt und ich freue mich auf alles, was noch kommt. Mit Dir an meiner Seite kann ich alles schaffen. Du bist toll und ich bin froh, dass Du da bist, denn:

Ohne Dich ist alles doof.

Dein/e _____

An diesem Tag haben wir uns kennengelernt:

_____

_____

Meine erste bewusste Erinnerung an Dich und was ich dabei gefühlt habe:

_____

_____

Wenn ich dich in einem Wort beschreiben müsste, wäre das:

_____

_____

Mein liebster Ausflug mit Dir war:

- ☐ die Radtour
- ☐ der Spaziergang
- ☐ die Wanderung
- ☐ der Schwimmbadbesuch
- ☐ der Zoobesuch
- ☐ der Museumsbesuch
- ☐ der Kinobesuch
- ☐ _____

In dieser Situation war ich froh, dass Du an meiner Seite warst:

_____

_____

_____

_____

Du hast mir gezeigt, wie ...

☐ man große Torten backt

☐ ich das perfekte
Frühstücksei koche

☐ toll Märchen sein können

☐ ich die Schule überstehe

☐ ich ein Paar Socken flicke

☐ man das coolste Vogelhaus
der Welt baut

☐ _____

Du hast so einige Talente, für die ich Dich bewundere. Das beeindruckt mich am meisten:

_____

_____

_____

Jeder Mensch hat Ecken und Kanten. Das ist meine liebste "Macke" an Dir:

_____

_____

_____

Diesen Witz kann niemand so erzählen wie Du ...

_____

_____

_____

Bei uns zu Hause kannst Du das am besten ...

_____

_____

_____

In diesem Moment warst Du mir echt peinlich:

_____

_____

_____

_____

Als Du ...

_____

_____

_____ **... war ich richtig stolz auf Dich.**

Wenn ich Dein Leben in einem Motto beschreiben müsste, wäre es folgendes:

Wenn ich uns einen Teamnamen geben müsste, wäre das folgender:

☐ Hanni und Nanni

☐ die Super-Nerds

☐ die Coolsten der Welt

☐ die Fantastischen 2

☐ die Spaßvögel

☐ die Unbesiegbaren

☐ _____

Das ist mein Lieblingsbild von uns beiden:

Du isst am liebsten:

_____

_____

Mein Lieblingsessen ist:

_____

_____

Wenn wir zusammen unterwegs sind, besuchen wir am liebsten dieses Restaurant/diesen Imbiss:

_____

_____

So ähnlich sehen wir uns:

Ähnlichkeit ist
ein Fremdwort
bei uns

0	1	2	3	4	5
☐	☐	☐	☐	☐	☐

Wir sind
sozusagen
Zwillinge

Wenn ich an Dich denke,
fällt mir direkt diese Geschichte ein:

....

....

....

....

....

Ohne Dich ist sogar ein Besuch ...

☐ eines Konzertes

☐ unseres Stadions

☐ im Supermarkt

☐ in unserem Lieblingsrestaurant

☐ bei Oma und Opa

☐

... doof.

Wenn Du ein Gegenstand wärst, dann auf jeden Fall dieser:

Wenn Dein Leben verfilmt werden würde, würde diese Schauspielerin Dich verkörpern:

_____,

weil _____.

Natürlich spiele auch ich in Deinem Leben eine wichtige Rolle. Mich spielt dann:

_____

_____

Das Genre des Films ist eindeutig:

_____

Wenn ich an Dich denke, denke ich auch automatisch an folgende Situation:

Besonders gerne mag ich an Dir, dass Du:

☐ immer für mich da bist

☐ meinen Humor verstehst

☐ Dich auch mal auf die Schippe
nehmen lässt

☐ auch mal einen Rat von mir
annehmen kannst

☐ mich immer zum Lachen bringst

☐ _____

Dieses Abenteuer ging richtig in die Hose. Erinnerst Du Dich noch, als ...

_____

_____

_____

_____

_____

_____

Du bist die beste Mama auf der ganzen Welt!

Um mich aufzumuntern, hast Du mir mal erzählt, dass ...

_____   _____   _____

_____   _____   _____

_____   _____   _____

Stimmt das denn auch? Bitte ankreuzen:

☐ Ja

☐ Nein

☐ Vielleicht

**Bei diesem Schwindel
habe ich Dich mal ertappt:**

_____

_____

_____

_____

_____

_____

_____

Weil ein guter Reim nie schaden kann,
habe ich Dir hier ein ganz persönliches
Gedicht verfasst:

Dieser Urlaub ist mir besonders in Erinnerung geblieben:

....

....

....

....

....

....

....

Dein liebster Spitzname für mich ist:

Diese Namensvariationen verwendest Du aber auch sehr oft für mich:

Ich nenne **Dich** am liebsten so:

_____

_____

Und dieses Wort beschreibt **Dich** am besten:

_____

Ich habe mich als Künstler*in probiert und ein Portrait von dir gezeichnet:

Das ist meine schönste Kindheitserinnerung:

_____

_____

_____

Wenn Du mich abends ins Bett gebracht hast, hast Du immer...

_____

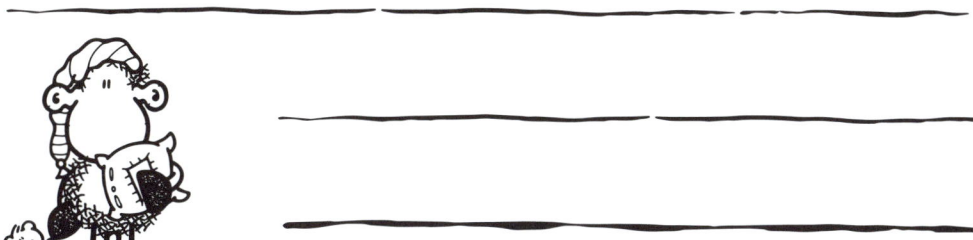

_____

_____

Mein Lieblingsbild von damals:

Das waren noch Zeiten.

Und mein liebstes Bild von heute:

 Wir haben uns ganz gut gehalten.

Eine Eigenschaft, die ich nur habe, weil ich Dich kenne:

_____

_____

Das ist mein Lieblingsessen von Dir:

_____

_____

Eine Weisheit, die ich Dir mitgeben möchte:

_____

_____

_____

Ein Lied, bei dem ich immer an Dich denken muss:

_____

Wenn Du einen Preis für Dein Lebenswerk erhalten würdest, wäre das meine Laudatio an Dich:

Deine typischen Mamasätze

☐ **Wer feiern kann, kann auch arbeiten.**

☐ **Ich hab's Dir doch gesagt.**

☐ **Der frühe Vogel fängt den Wurm.**

☐ **Wo gehobelt wird, da fallen Späne.**

☐ **Wer im Glashaus sitzt, sollte nicht mit Steinen werfen.**

☐ **Solange Du die Füße unter meinem Tisch hast ...**

☐ _____

_____

☐ _____

_____

Ein Leben ohne Dich wäre wie:

☐ Spaghetti ohne Bolognese

☐ Currywurst ohne Pommes

☐ Pippi Langstrumpf ohne Annika

☐ Robin Hood ohne Little John

☐ ein Tag ohne Sonnenschein

☐ _____

☐ _____

Als Mamaschaf würdest Du ...

- ☐ mich vor einem Bären in Schutz nehmen
- ☐ mit mir um die Wette mähen
- ☐ mir die saftigsten Grasbüschel überlassen
- ☐ Deine Wolle mit mir teilen
- ☐ den ganzen Tag über die Weide rennen
- ☐ den Wachhund ärgern
- ☐ _____

Dinge, die Du in meiner Erziehung toll gemacht hast:

Dinge, die ich bei meinen Kindern anders machen würde:

_____

_____

_____

_____

_____

_____

Habe Deinen Namen
im Wörterbuch nachgeschlagen
und dort steht:
Tollste Mama der Welt!

Unsere Bucketlist

Diese Abenteuer möchte ich unbedingt noch mit Dir zusammen erleben:

♡

....

....

♡

....

....

♡

....

....

Wenn es mal stressig wird, kann ich Dir empfehlen:

☐ einen Film zu schauen

☐ Dein Lieblingsessen zu bestellen

☐ eine riesige Tasse heiße Schokolade zu trinken

☐ Dir eine Massage zu gönnen

☐ einfach mal zu chillen

☐ _____

☐ _____

Diese 5 Bücher musst Du unbedingt mal lesen:

_____

_____

_____

_____

_____

Wenn es einen Soundtrack zu Deinem Leben geben würde, wäre es ein Mix aus diesen Liedern:

_____   _____   _____

_____

_____

Ich weiß, dass Du gute Laune hast, wenn Du dieses Lied singst, summst oder pfeifst:

_____   _____   _____

Dein Musikgeschmack ist:

☐ ganz okay

☐ unheimlich gut

☐ speziell

☐ furchtbar

☐ eine gute Mischung

Unsere Geschmäcker sind manchmal echt verschieden.

Du magst besonders _____

_____

Ich mag dafür _____

_____

Hier sind wir uns einig: _____

_____

_____ ... ist unglaublich toll!

Das machen wir gerne gemeinsam:

_____

_____

_____

_____

_____

Das sollten wir mal wieder unternehmen:

_____

_____

_____

_____

Wenn ich ein Drei-Gänge-Menü für Dich kochen würde, dann stünden diese Gerichte auf der Speisekarte:

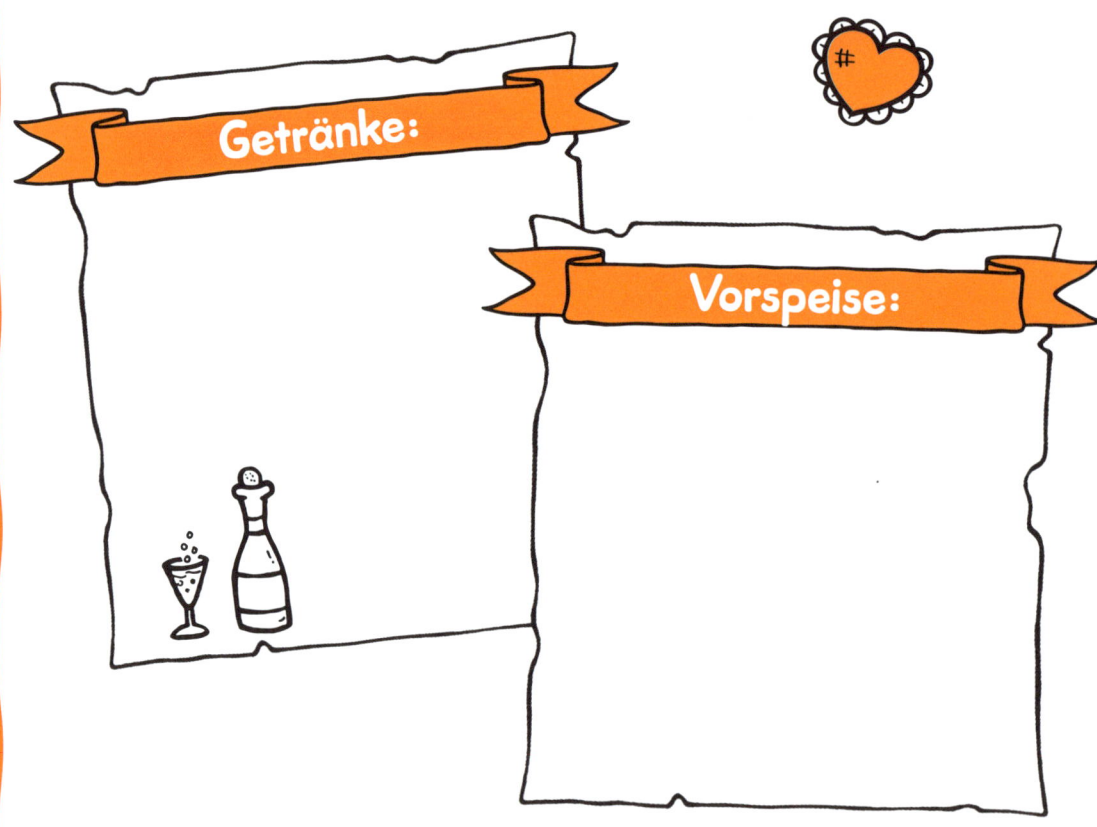

Getränke:

Vorspeise:

Hauptgang:

Dessert:

Das wäre Dein Superheldinnennkostüm:

Ich hätte mir keine bessere Mama als dich wünschen können!

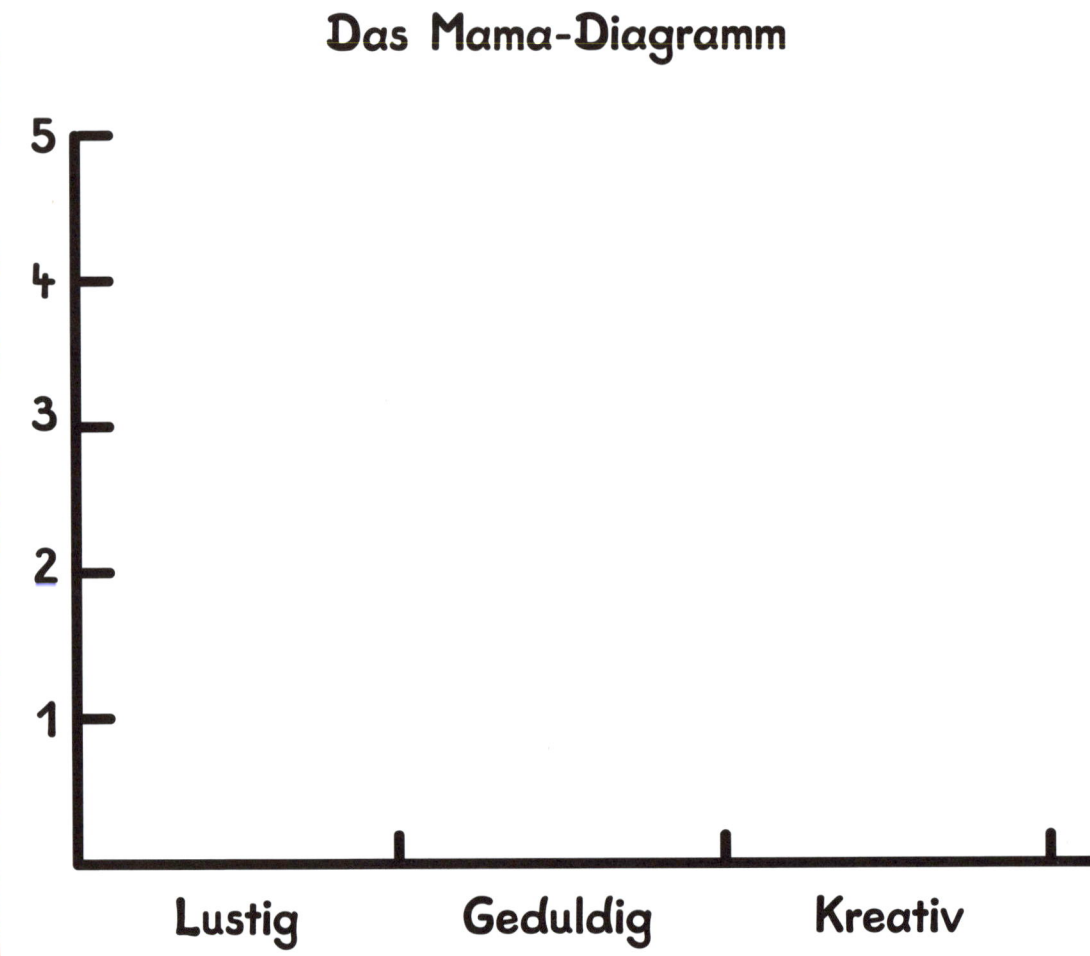

Das Mama-Diagramm

5
4
3
2
1

Lustig   Geduldig   Kreativ

Hilfsbereit   Künstlerisch
begabt   Technisch
begabt

Danke, Mama, dass Du mich
schon mein Leben lang begleitest.

Das wünsche ich mir
für unsere gemeinsame Zukunft:

....

....

....

....

Bibliografische Information der Deutschen Nationalbibliothek
Die Deutsche Nationalbibliothek verzeichnet diese Publikation in der Deutschen Nationalbibliografie.
Detaillierte bibliografische Daten sind im Internet über http://dnb.d-nb.de abrufbar.

Für Fragen und Anregungen:
info@rivaverlag.de

Originalausgabe
1. Auflage 2022
© 2022 by riva Verlag,
ein Imprint der Münchner Verlagsgruppe GmbH
Türkenstraße 89
80799 München
Tel.: 089 651285-0
Fax: 089 652096

© sheepworld AG
Am Schafhügel 1, 92289 Ursensollen
www.sheepworld.de

Umschlaggestaltung und Layout: Pamela Machleidt
Abbildungen Umschlag und Innenteil: sheepworld AG
Satz: Pamela Machleidt
Druck: Prime Rate Kft, Budapest
Printed in Hungary

ISBN Print 978-3-7423-2060-5

Wir produzieren
nachhaltig
www.m-vg.de

Stelf

sheepworld

Weitere Informationen zum Verlag finden Sie unter

www.rivaverlag.de
Beachten Sie auch unsere weiteren Verlage unter www.m-vg.de